BEI GRIN MACHT SICH IHR
WISSEN BEZAHLT

Marcel Hylla

Zu: John Colins - Highlife Time - Concert Partys und Highlife Musik

GRIN Verlag

Bibliografische Information der Deutschen Nationalbibliothek:

Die Deutsche Bibliothek verzeichnet diese Publikation in der Deutschen National-
bibliografie; detaillierte bibliografische Daten sind im Internet über http://dnb.d-
nb.de/ abrufbar.

Dieses Werk sowie alle darin enthaltenen einzelnen Beiträge und Abbildungen
sind urheberrechtlich geschützt. Jede Verwertung, die nicht ausdrücklich vom
Urheberrechtsschutz zugelassen ist, bedarf der vorherigen Zustimmung des Verla-
ges. Das gilt insbesondere für Vervielfältigungen, Bearbeitungen, Übersetzungen,
Mikroverfilmungen, Auswertungen durch Datenbanken und für die Einspeicherung
und Verarbeitung in elektronische Systeme. Alle Rechte, auch die des auszugsweisen
Nachdrucks, der fotomechanischen Wiedergabe (einschließlich Mikrokopie) sowie
der Auswertung durch Datenbanken oder ähnliche Einrichtungen, vorbehalten.

Impressum:

Copyright © 2004 GRIN Verlag GmbH
Druck und Bindung: Books on Demand GmbH, Norderstedt Germany
ISBN: 978-3-656-48083-9

Dieses Buch bei GRIN:

http://www.grin.com/de/e-book/27631/zu-john-colins-highlife-time-concert-partys-
und-highlife-musik

GRIN - Your knowledge has value

Der GRIN Verlag publiziert seit 1998 wissenschaftliche Arbeiten von Studenten, Hochschullehrern und anderen Akademikern als eBook und gedrucktes Buch. Die Verlagswebsite www.grin.com ist die ideale Plattform zur Veröffentlichung von Hausarbeiten, Abschlussarbeiten, wissenschaftlichen Aufsätzen, Dissertationen und Fachbüchern.

Besuchen Sie uns im Internet:

http://www.grin.com/

http://www.facebook.com/grincom

http://www.twitter.com/grin_com

Paderborn im März 2004

Universität Paderborn
Fachbereich 04
WS 03/04
Seminar: „Musik und soziale Teilungen in multiethnischen Gesellschaften"

John Colins „Highlife Time"

- Concert Partys und Highlife Musik -

Marcel Hylla

Inhalt:

1. Einleitung

Der folgende Text basiert auf dem im Jahre 1996 von Professor John Colins veröffentlichten Buch „Highlife Time" und soll die Entstehung, Entwicklung und Wandlung der Highlife Musik, bis hin zu ihrer teilweisen interkontinentalen Popularisierung beschreiben. Zusätzlich folgt noch eine kurze, kritische Auseinandersetzung mit dem Aufbau und dem musikwissenschaftlichen Kontext des Buches.

2. Highlife

2.1. Die Concert Partys – Ursprünge und Entwicklung

In seinem 1996 veröffentlichten Buch „Highlife Time" beschreibt John Colins die in Ghana wichtigste und populärste, vorkommende Tanzmusik, die sogenannte „Highlife-Musik". Ihre Wurzeln liegen laut Colins in den Blaskapellen, den Tanzorchestern und den Gitarren, sowie Akkordeon Palmwine Gruppen des späten 19. und frühen 20. Jahrhunderts. In der heutigen Zeit zeigen sich weiterhin starke Verbindungen zu den sogenannten Concert Party Gruppen und ihren Gitarrenbands auf. Bei diesen Concert Party Gruppen handelt es sich vorwiegend um professionelle Künstler, die neben der Highlife Tanzmusik auch Theater, Akrobatik und Zaubervorstellungen für die urbane Landbevölkerung und für die arme Bevölkerung der Städte darbieten. In der ersten Hälfte des 20. Jahrhunderts avancierten diese Bands zur kulturell vorantreibenden Kraft Ghanas. In der Folgezeit, den späten 1960er Jahren,

3

sollten diese Bands dann zu einem wesentlichen Einflussfaktor für die populären ghanaischen Musiker werden.

Grundlegend für die Entwicklung der Concert Partys waren die im Zuge der Kolonialisierung nach Ghana „eingeführten" westlichen Konzerte. Hierbei spielen z.b. die alljährlichen Schulkonzerte zur Feier des British Empire Days (24.Mai), und die sogenannten Cantatas, bei denen biblische Geschichten aufgeführt werden, eine wichtige Rolle für die Etablierung der westlichen Bühnenperformances in der ghanaischen Kultur.

Einer der ersten nennenswerten Künstler der Concert Partys war ein Schuldirektor namens Yalley, der auf seinem Schulkonzert im Jahre 1918 zu Ehren des British Empire Days eine 3-stündige Show mit Gesangs-, Comedy- und Tanzeinlagen aufführte. Bei der musikalischen Gestaltung nutzte er unter Anderem die Unterstützung einer Blaskapelle und eines Schlagzeug- Harmonium Duos, welches ihn mit einer Auswahl der damals populären Ballroom Tanzmusik (Ragtime, Foxtrott, Quickstepp und Walzer) begleitete. Aufgrund der hohen Eintrittspreise jedoch, blieben diese Konzerte vorwiegend der „schwarzen Elite" und einigen ausgewählten, eingeladenen europäischen Besuchern vorbehalten. Auf diesem Hintergrund begründete Ishmael ‚Bob' Johnson, ein weiterer wichtiger Einflussgeber für die Entwicklung der Concert Partys, die sogenannten Sixpenny Shows, deren prägendster Einfluss auf die mit Gitarrenbegleitung gesungenen Shantys der liberianischen Seefahrer zurückgeht. Aufgrund der humanen Preise, waren diese Shows nun auch für die Land- und die arme Stadtbevölkerung zugänglich. Folglich hatten sich die Concert Partys in den späten 1920er Jahren in zwei Extreme aufgeteilt. Auf der einen Seite standen die „Upper Class" Concert Partys von Yalley, auf der anderen Seite die „Urban Class" Concert Partys (Sixpenny Shows) von Johnson. Ein weiterer wesentlicher Unterschied war, dass die Sixpenny Shows im Gegensatz zu den „Upper Class" Concert Partys, die größtenteils in Englisch aufgeführt wurden, überwiegend in der Landessprache Akan dargestellt wurden, wodurch sich der stärkere lokale kulturelle Bezug der Sixpenny Shows aufzeigen lässt. Während die „Upper Class" Concert Partys in den 1930er Jahren fast vollständig von der Bildfläche verschwanden, sollten die Sixpenny Shows, unter der Führung von Johnsons Band „The Axiom Trio" zu enormer Popularität ansteigen und ab den 1940er Jahren sogar wegweisend für die weitere Entwicklung der Highlife Musik sein.

Nachdem um 1960 die erste „Concert Party Union" gegründet wurde, sollte die Concert Party Kultur dann in der Mitte der 1970er Jahre, mit über 50 verschiedenen Bands, unter Anderem „The Jaguar Jokers", „The Ghana Trio", „Onyina's Royal Trio", „Kwaa Mensah's Group" u.v.m., ihren Höhepunkt erreichen.

2.2 Highlife Musik – Ursprünge und Entwicklung

Highlife Musik ist die populärste Form ghanaischer Tanzmusik deren Ursprünge, wie auch schon bei den Concert Partys, in den Palmwine Gruppen und den Brassbands um die Jahrhundertwende liegen.

Hauptsächlich wurde sie jedoch von den musikalischen Entwicklungen der südwestlich gelegenen Hafenstädten des Landes geprägt. Grund dafür war der schon seit ca. einem halben Jahrhundert bestehende, und auch sehr prägende, europäische Einfluss in diesem Gebiet, wodurch sich lokale Musikstile, wie Adenkum und Osibi mit populären europäischen Melodien und Marschliedern vermischten.

Ein weiterer wesentlicher Einflussfaktor waren die Shantys und Seemannslieder, die durch westindische und amerikanische Seefahrer ins Land gebracht wurden. Diese Lieder wurden vorwiegend von Instrumenten, wie z.b. der Gitarre, dem Akkordeon und dem Banjo begleitet. Hierbei machten sich vor Allem die Kru Seefahrer der liberischen Küste einen Namen, da sie neben der Seefahrerei auch als besonders gute Gitarrenspieler bekannt waren. Des Weiteren waren das Klavierspiel, sowie die von Missionaren und Lehrern gespielten christlichen Hymnen, die zu der Zeit unter der schwarzen christlichen Elite schon sehr populär waren, weitere wichtige Einflussgeber. Ein Beispiel hierfür ist eines der ersten Highlife Stücke namens „Yaa Amponsah", welches von Robert Sprigge musikanalytisch untersucht wurde. Er kam zu dem Schluss, dass dieses Lied ein Produkt der Vermischung von einheimischen Rhythmen, westafrikanischer Gitarrenspieltechnik und harmonischen Strukturen der europäischen Hymnen Musik war.

Um die Jahrhundertwende herum, entwickelten sich unter Einbezug der oben genannten außerlokalen Musikstile in Verbindung mit einheimischen Tänzen und einheimischer Trommelmusik neue Musikstile, wie z.B. Osibisaaba, Adaha, und Ankadanmu. Hierzu kamen noch weitere musikalische Stile Westafrikas. So z.B. die Ashiko Musik aus Lagos und Sierra Leone, die Dagomba Gitarren Lieder der liberischen Kru Bewohner und die Maringa Musik der Freetown Bewohner. Diese neuen Musikstile wurden in den 1920er Jahren, nachdem sie in das Spielrepertoire vieler hochkarätiger Tanzorchester aufgenommen wurden, als Highlife Musik bekannt. Fast gleichzeitig verbreitete sich die Highlife Musik im Süden Ghanas und wurde nun vorwiegend von Blaskapellen, Tanzorchestern und Palmwine Gitarrenbands gespielt. Lokale Blaskapellen, inspiriert von den an den Küsten stationierten westindischen

Soldaten, spielten neben Märschen und westlichen Musiken nun auch eine weitere Form des Highlife, die als Adaha bezeichnet wurde.

Durch die Verbreitung in viele Provinzstädte des Landes, wurde die einheimische Musik der Akan Bevölkerung so stark beeinflusst, dass sich nun eine verkleinerte Version der Blaskapellen, bekannt als Konkoma in den 1930er Jahren entwickelte. Diese „Version" des Highlife wurde in der Folgezeit so populär, dass sie sich bis nach Nigeria verbreitete. Eine weitere Entwicklung des Highlife Ensemblespiels waren die Tanzorchester. So ist z.b. das erste Tanzorchester Ghanas, das „Exelsior Orchestra" zu nennen, dass sich 1914 aus einer Gruppe von Ga Musikern gegründet hat. In den Shows dieser Tanzorchester, die vorwiegend für die Oberschicht vorgesehen waren, wurden mit Anlehnung an die Concert Partys neben kleinen Filmvorführungen und Variete-Auftritten, überwiegend Tanzmusik, Ragtime und Highlife gespielt.

Bereits in den 1930er Jahren waren diese Tanzorchester schon so populär, dass sich eine beachtliche Anzahl an ähnlichen Orchestern, wie z.b. das „Winneba Orchestra", „The Cape Coast Sugar Babies Orchestra" und das „Accra Orchester" gegründet hatten. Die dritte Art des Highlife Ensemble Spiels waren die sogenannten „Low Class" Palmwine Gruppen, die vorwiegend, wie der Name schon sagt, in kleinen, lokalen Bars und Kneipen auftraten. Bevorzugte Instrumente waren hier z.b. die Gitarre, lokale, einheimische Trommeln und das Akan Hand-Piano. Aus diesen Palmwine Gruppen, bildeten sich dann in den 1930er und 1940er Jahren Gitarrenbands, die Highlife Stücke und deren einheimische Variante den Ashanti Blues oder Odonso spielten.

In Folge des Krieges, brachten britische und amerikanische Soldaten die Swingmusik nach Ghana und es entwickelte sich eine moderne Variante der Highlife Tanzbands. Folglich bildeten sich kleine Swing Ensembles, welche aus weißen, sowie aus schwarzen Musikern bestanden, um zur Unterhaltung der Truppen aufzuspielen. Nach Ende des Krieges und dem Verlassen der Alliierten Truppen, bildeten sich nun reine „Schwarzen" Bands, die diese swinglastige Version des Highlife weiter verfolgten und perfektionierten. Populärstes Beispiel hierfür ist E.T.Mensah, der mit seiner Band „The Tempos" weit über Ghana hinaus, sogar bis nach Moskau bekannt wurde.

Neben dem enormen Einfluss der Highlife Tanzbands der Nachkriegszeit auf die ghanaische, sowie nigerianische Musikkultur, sollten die Concert Partys und ihre Gitarrenbands ab den frühen 1960er Jahren wesentlich durch westliche Popmusik, wie z.B. Rock'n'Roll, Twist, Soul, Reggae, Disco, Rap und House Musik beeinflusst werden. So z.B. die „African Concert Party", die in den frühen 1970er Jahren durch ihre Verbindung von Soul Musik und einheimischer Musik für Aufsehen sorgte. Auch in den Folgejahren ging die Entwicklung der Highlife Musik stetig weiter, und somit fanden auch populäre Tanzmusikstile anderer afrikanischer Kulturen Eingang in das Musikrepertoire der Concert Party Gitarren Bands.

3. Bezug zum Thema des Seminars

Unter Betrachtung des Seminarthemas ist Ghana ein sehr gutes Beispiel, um die Auswirkungen multikultureller, sowie multiethnischer Einflüsse auf die lokalen Musiken aufzuzeigen.

Durch die britische Kolonialisierung seit dem 19. Jahrhundert und den weiteren verschiedenartigen europäischen, sowie amerikanischen Einflüssen in Folge des Krieges, bildete sich speziell in Ghana eine breit gefächerte multikulturelle und multiethnische Bevölkerungsschicht aus. In Folge dessen entstand durch die Akkulturation der nun vorhandenen unterschiedlichen Musikrichtungen z.b. die oben dargestellte Highlife Musik, deren Hauptelemente afrikanische Rhythmen gepaart mit amerikanischen Swing-, sowie europäischen Marschmusiken sind. Durch die weitere Verbreitung auch in andere afrikanische Provinzen, und der teilweisen Rückbesinnung auf die eigenen Kulturen und Sprachen (s. Sixpenny Shows), blieb jedoch auch in den daraus entstehenden zusätzlich ausgebildeten Musikformen, der traditionelle, kulturelle Aspekt vorhanden.

Im Zuge des ökonomischen Aufschwungs der Nachkriegsjahre, der politischen Unabhängigkeit Ghanas, sowie der Ausbildung einer nationalen Tonträgerindustrie und der Entstehung nationaler Medienstrukturen, wurde die Highlife Musik zu einer zentralen Form westafrikanischer populärer Musik, deren Ausbreitung durch Bands, wie E.T. Mensah's „The Tempos" sogar bis nach Russland reichte. Gleichzeitig spielten die zunehmenden Migrationsprozesse afrikanischer Musiker über die Grenzen Afrikas hinaus, durch die wiederum neue Wandlungen der schon bestehenden Musiken erfolgten, eine nicht unbedeutende Rolle für die weitere Entwicklung afrikanischer, und speziell ghanaischer Musik.

In den 1970er Jahren wurde der multiethnische, sowie der multikulturelle Aspekt in der afrikanischen Musik, durch die teilweise Übernahme neuer westlicher Musikformen, wie Soul, Reggae, HipHop, etc. noch weiter verstärkt, wodurch sich wiederum eine weitere Popularisierung der afrikanischen Musik vollzog.

4. Kritische Beurteilung des Textes

Professor J. Colins, selbst aktiver Highlife Musiker und Dozent an der Universität von Ghana in Legon brachte 1996, nach langjähriger Forschung und aktiver Teilnahme an der Musik, unter Einbezug persönlicher Erlebnisse, sein Buch „Highlife Time" heraus.

Anhand von geschichtlichen Erläuterungen beschreibt er zunächst die Entstehung, die Weiterentwicklung und die darauffolgende Verbreitung und zunehmende Popularisierung der Highlife Musik, die schließlich auch maßgeblicher Faktor für die von Colins später in seinem Buch dargestellte Ausbildung einer afrikanischen Musikindustrie sein sollte. Des Weiteren bringt Colins eigene Erlebnisse und Erfahrungen, sowie Interviews mit verschiedenen, meist afrikanischen Musikern mit in seine Arbeit ein, wodurch diese einen sehr lebhaften und persönlich nachvollziehbaren Charakter erhält. Folglich ist auch der Aufbau und die damit einhergehende Verständlichkeit seines Buches, wodurch auch nicht wissenschaftlich involvierte Leser einen Zugang zu seiner Schrift bekommen können, positiv anzumerken. Hierzu gehören auch die eingebrachten visuellen Elemente, die in Form von Bildern von „wichtigen" Musikern und Bands den Persönlichkeitscharakter des Buches noch verstärken.

Hierbei ist jedoch anzumerken, dass dieses Buch gerade aus den oben genannten Gründen eher als eine Darstellung der geschichtlichen Entwicklung und Wandlung, als eine musikwissenschaftliche Bearbeitung der Highlife Musik anzusehen ist. Weiterhin wird durch das Fehlen von z.B. transkribierten Musikstücken und erläuternden Quellenverweisen, das Vertiefen und Analysieren seiner Schrift und der dazu gehörenden Musik für interessierte Musikwissenschaftler weitestgehend erschwert.

Abschließend ist zu sagen, dass Colins mit seinem Buch eine auch für den Musiklaien verständliche, lebhafte Darstellung der Entwicklung afrikanischer, populärer Musik gelungen ist, die jedoch nur eingeschränkt für den intensiven musikanalytischen Diskurs zu gebrauchen ist.